CHAOS
COORDINATOR

◆———◆◆◆———◆

A Teacher Appreciation Notebook

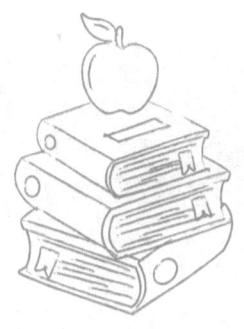

Copyright© 2019 by LOL Gift Ideas
ALL RIGHTS RESERVED. By purchase of this book, you have been licensed one copy for personal use only. No part of this work may be reproduced, redistributed, or used in any form or by any means without prior written permission of the publisher and copyright owner.

THIS BOOK BELONGS TO:

_____
_____
_____

DATE: ___ ___ ___

DATE: ____ ____ ____

"The future of the world is in my classroom today."

-Ivan Welton Fitzwater

DATE: ___ ___ ___

DATE: _____ _____ _____

"Education is the most powerful weapon which you can use to change the world"

- Psalm 61:2

DATE: ___ ___ ___

DATE: ____ ____ ____

"Nine-tenths of education is encouragement."

- Anatole France

DATE: ___ ___ ___

DATE: ____ ____ ____

"One child, one teacher, one book, and one pen
can change the world."

- Malala Yousafzai

DATE: ___ ___ ___

DATE: _____ _____ _____

"Teachers are mind engineers! Teachers are life directors! Don't ever undermine a teacher!"

- Ernest Agyemang Yeboah

DATE: ___ ___ ___

DATE: _____ _____ _____

"[Kids] don't remember what you try to teach them. They remember what you are."

- Jim Henson

DATE: ___ ___ ___

DATE: ____ ____ ____

"You must live in the present, launch yourself on every wave, find your eternity in each moment."

- Henry David Thoreau

DATE: ___ ___ ___

DATE: _____ _____ _____

"Always be a little kinder than necessary."

-J.M. Barrie

DATE: ___ ___ ___

DATE: _____ _____ _____

"They may forget your name, but they will never forget how you made them feel."

- Maya Angelou

DATE: ___ ___ ___

DATE: ____ ____ ____

"When little people are overwhelmed by big emotions, it's our job to share our calm not to join their chaos."

- L.R. Knost

DATE: ___ ___ ___

DATE: _____ _____ _____

"Every student can learn, just not on the same day or in the same way."

- George Evans

DATE: ___ ___ ___

DATE: _____ _____ _____

"Do what you can, with what you have, where you are."
- Theodore Roosevelt

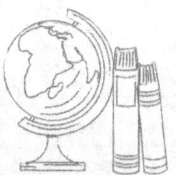

DATE: ___ ___ ___

DATE: ____ ____ ____

"Teach the children... so it will not be necessary to teach the adults."

- Abraham Lincoln

DATE: ___ ___ ___

DATE: _____ _____ _____

"The most valuable resource that all teachers have is each other. Without collaboration, our growth is limited to our own perspectives."

- Robert John Meehan

DATE: ___ ___ ___

DATE: ____ ____ ____

"A teacher is a compass that activates the magnets of curiosity, knowledge, and wisdom."

- Ever Garrison

DATE: ___ ___ ___

DATE: _____ _____ _____

"Great teachers empathize with kids, respect them, and believe that each one has something special that can be built upon."

- Ann Lieberman

DATE: ___ ___ ___

DATE: ____ ____ ____

"Sometimes the questions are complicated and the answers are simple."

- Dr. Seuss

DATE: ___ ___ ___

DATE: _____ _____ _____

"A teacher affects eternity; he can never tell where his influence stops."

- Henry Adams

DATE: ___ ___ ___

DATE: ____ ____ ____

"Teachers who put relationships first don't just have students for one year. They have students who view them as 'their' teacher for life."

- Educator Justin Tarte

DATE: ___ ___ ___

DATE: ____ ____ ____

"The best teachers teach from the heart, not the book."
- Unknown

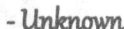

DATE: ___ ___ ___

DATE: _____ _____ _____

"Reading should not be presented to a child as a chore...
It should be offered as a gift."

- Kate DiCamillo

DATE: ___ ___ ___

DATE: ___ ___ ___

"What an educator does in teaching is to make it possible
for the students to become themselves."

- Paulo Freire

DATE: ___ ___ ___

DATE: _____ _____ _____

"We never know which lives we influence, or when, or why."
— Stephen King

DATE: ___ ___ ___

DATE: ____ ____ ____

"Try to be a rainbow in someone's cloud."

-Maya Angelou

DATE: ___ ___ ___

DATE: _____ _____ _____

"Education is not the filling of a pail, but the lighting of a fire."

- William Butler Yeats

DATE: ___ ___ ___

DATE: ____ ____ ____

"If you are always trying to be normal, you will never know how amazing you can be."

-Maya Angelou

DATE: ___ ___ ___

DATE: _____ _____ _____

"If he is indeed wise, he does not bid you enter the house of wisdom, but rather leads you to the the threshold of your own mind."

-Kahlil Gibran

DATE: ___ ___ ___

DATE: _____ _____ _____

"Each of us had something to learn from the others and something to teach in return."

- Saint Augustine

DATE: ___ ___ ___

DATE: ____ ____ ____

"Education breeds confidence. Confidence breeds hope. Hope breeds peace."

- Confucius

DATE: ___ ___ ___

DATE: _____ _____ _____

"Good teaching is one-fourth preparation and
three-fourths theatre."

- Gail Goldwin

DATE: ___ ___ ___

DATE: ____ ____ ____

"You can't teach in a vacuum. A good teacher
elates the material to real life."

- Frank McCourt

DATE: ___ ___ ___

DATE: _____ _____ _____

"I never teach my pupils. I only attempt to provide the conditions in which they can learn."

- Albert Einstein

DATE: ___ ___ ___

DATE: _____ _____ _____

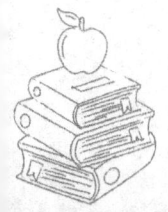

"What we do now echoes in eternity."

- Marcus Aurelius

DATE: ___ ___ ___

DATE: _____ _____ _____

"At this very moment, there are people only you can reach,
and differences only you can make."

- Mike Dooley

DATE: ___ ___ ___

DATE: _____ _____ _____

"In learning, you will teach, and in teaching, you will learn."

- Phil Collins

DATE: ___ ___ ___

DATE: ____ ____ ____

"Seek opportunities to show you care. The smallest gestures often make the biggest difference."

-John Wooden

DATE: ___ ___ ___

DATE: ____ ____ ____

"Character is doing the right thing when nobody is looking."

-J.C. Wells

DATE: ____ ____ ____

DATE: ____ ____ ____

"[Keep] seven things in your life at all times: Laughter, Family, Adventure, Good Food, Challenge, Change, and the Quest for Knowledge."

- Ron Clark

DATE: ___ ___ ___

DATE: ___ ___ ___

"Learning is messy."

- Eleanor Duckworth

DATE: ___ ___ ___

DATE: ____ ____ ____

"What good is an idea if it remains an idea? Try. Experiment. Iterate. Fail. Try Again. Change the World."

- Simon Sinek

DATE: ___ ___ ___

DATE: ____ ____ ____

"Honor your commitments with integrity."
- Les Brown

DATE: ___ ___ ___

DATE: _____ _____ _____

"Education is unfolding the wings of head and heart together. The job of a teacher is to push the students out of the nest to strengthen their wings."

- Amit Ray

DATE: ___ ___ ___

DATE: _____ _____ _____

"Ask yourself: 'Do I feel the need to laminate?'
Then teaching is for you."

- Gordon Korman

DATE: ___ ___ ___

DATE: ____ ____ ____

"My goal in the classroom was always to make sure they were having so much fun that they didn't realize they were learning."

- Rick Riordan

DATE: ___ ___ ___

DATE: ____ ____ ____

"It is the supreme art of the teacher to awaken joy
in creative expression and knowledge."

- Albert Einstein

DATE: ___ ___ ___

DATE: ____ ____ ____

"By doing what you love, you inspire and awaken
the hearts of others."

-Satsuki Shibuya

DATE: ___ ___ ___

DATE: ____ ____ ____

"My job is not to be easy on people. My job is to make them better."

- Steve Jobs

DATE: ___ ___ ___

DATE: _____ _____ _____

"The beautiful thing about learning is that no one can take it away from you."

- B.B. King

DATE: ___ ___ ___

DATE: ____ ____ ____

"Tell me and I forget, teach me and I may remember,
involve me and I learn."

- Benjamin Franklin

DATE: ____ ____ ____

DATE: ____ ____ ____

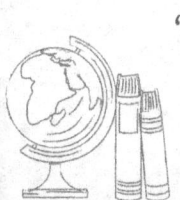

"Education is the kindling of a flame.
Not the filling of a vessel."

- Socrates

DATE: ___ ___ ___

DATE: ____ ____ ____

"Be the teacher who smiles... and do it often, because it's a game changer."

- Unknown

DATE: ___ ___ ___

DATE: ____ ____ ____

"Those that know, do. Those that understand, teach."
- Aristotle

DATE: ___ ___ ___

DATE: ____ ____ ____

"If your actions inspire others to dream more, learn more, do more and become more, you are a leader."

- John Quincy Adams

DATE: ___ ___ ___

DATE: ____ ____ ____

"Ever kid is one caring adult away from being a success story."

- Josh Shipp

DATE: ___ ___ ___

DATE: ____ ____ ____

"Education is what survives when what has been learned has been forgotten."

- BF Skinner

DATE: ___ ___ ___

DATE: _____ _____ _____

"Happiness is seeing your students pretending to be the teacher."

- Unknown

www.ingramcontent.com/pod-product-compliance
Lightning Source LLC
Chambersburg PA
CBHW011404210526
45464CB00010B/3042